El retorno de Lilith

Primera edición: diciembre, 2019

Título original: *Le retour de Lilith*
© Joumana Haddad, 2004
© de la traducción: Héctor Fernando Vizcarra, 2007

© Vaso Roto Ediciones, 2019
ESPAÑA
C/ Alcalá 85, 7º izda.
28009 Madrid

vasoroto@vasoroto.com
www.vasoroto.com

Grabado de cubierta: Víctor Ramírez

ISBN: 978-84-120709-3-4
IBIC: DCF

Joumana Haddad
El retorno de Lilith

Traducido del francés por Héctor Fernando Vizcarra

Vaso Roto / Ediciones

A las siete mujeres que viven en mí

*Las bestias montesas se encontrarán con los gatos cervales;
el sátiro gritará a su compañero. Lilith* también tendrá allí
asiento, y hallará para sí reposo.*

Isaías 34:14

---

*   Según muchas leyendas, Lilith es la primera mujer, antes de Eva, formada del polvo de la tierra, como Adán. Era independiente, fuerte, libre y no quiso obedecer ciegamente al hombre. Por fin se rebeló, escapó del paraíso y se negó a volver. Entonces Dios la trasformó en demonio y después creó a la segunda mujer, Eva, de la costilla de Adán para garantizar su obediencia.

Comienzo primero

Soy Lilith, la mujer destino. Ningún macho escapa a mi suerte y ningún macho quiere escapar.

Soy las dos lunas Lilith. La negra no está completa sino por la blanca, ya que mi pureza es la chispa del desenfreno; y mi abstinencia, el inicio de lo posible. Soy la mujer-paraíso que cayó del paraíso, y soy la caída-paraíso.

Soy la virgen, rostro invisible de la desvergonzada, la madre-amante y la mujer-hombre. La noche, pues soy el día; la costa derecha, pues soy la izquierda; y el Norte, pues soy el Sur.

Soy la mujer festín y los convidados al festín. Me llamaron la hechicera alada de la noche y la diosa de la tentación, y me nombraron patrona del placer gratuito. Me liberaron de la condición de madre para que sea el destino inmortal.

Soy Lilith, la de los blancos senos. Irresistible es mi encanto, pues mis cabellos son negros y largos y de miel son mis ojos. La leyenda cuenta que fui creada de la Tierra para ser la primera mujer de Adán, pero no me sometí.

Yo, la primera que nada tiene qué satisfacer porque soy la comunión completa, el acto y el receptor, la mujer revuelta, jamás la mujer sí. Tuve suficiente de Adán y tuve suficiente del paraíso.

Me cansé, negué, desobedecí. Cuando Dios envió a sus ángeles para llevarme de regreso, me burlé. Me burlé a la orilla del mar Rojo. Me desearon y yo no quise. Intentaron domarme, pero no me domaron. Me exiliaron para que me convirtiera en el dolor del errante, hicieron de mí el rehén de los desiertos, el botín de las sombras desoladas y la proa de los animales salvajes. Como no me sometí, me dieron caza y me cercaron, porque he desafiado lo escrito. Y en cuanto estuve presa, Adán, mi marido, se quedó solo. Solitario y en lágrimas, se dirigió a su Señor, y entonces Dios le creó una mujer a partir de su costilla, y la llamó Eva, y la hizo el segundo modelo. La concibió para que disipara la muerte de su corazón, y garantizara la preservación de la descendencia.

Soy Lilith, la primera, cómplice de Adán en la creación, y no la costilla de la docilidad. Mi Dios me moldeó de tierra, para que fuera el origen, y de la costilla de Adán moldeó a Eva para que ella fuera la sombra. Cuando tuve suficiente de mi marido, me fui con el fin de heredar mi vida. Incité a mi mensajera la serpiente a tentar a Adán, con la manzana del conocimiento y, cuando triunfé, otorgué el encanto del vicio al imaginario y el gozo del pecado a su origen.

Soy yo la mujer mujer, la diosa madre y la diosa esposa. Me fecundé para ser la hija y la tentación de todos los tiempos. Desposé la verdad y el mito para ser ambos. Yo Dalila y Salomé y Nefertiti, yo reina de Saba, Helena de Troya y María Magdalena.

Soy Lilith, la esposa elegida y la esposa desairada, la noche y el pájaro nocturno, la mujer-verdad y el mito-mujer, la oscuridad hembra y no la hembra luz, Ishtar y Artemis y los vientos sumerios. Las primeras lenguas me cuentan y los libros me explican, y cuando soy mencionada mi nombre es maldito.

Soy la mujer oscuridad, no la mujer luz. Ninguna interpretación me definirá y en ningún sentido la aceptaré. La mitología me ha acusado de embrujos y las mujeres me han considerado masculina, pero no soy ni la marimacha ni la muñequita, sino la realización de la feminidad deficiente. No declaro la guerra a los hombres ni robo a los bebés de las entrañas de sus madres, porque soy el demonio deseado, la realeza del saber y el anillo del amor y de la libertad.

Soy los dos sexos. Soy el sexo prometido. Yo tomo, no se me da. A Adán le restituyo su verdad, y a Eva su seno feroz, para que se corrija la lógica de la creación.

Soy Lilith la criatura igual y la esposa igual,

lo que le falta al hombre para que no se arrepienta

y lo que le falta a la mujer

para que sea mujer.

Comienzo segundo

Luego Dios creó a la mujer a su imagen; de la tierra Él la creó el séptimo día, la creó del exceso de vida; frente a su idea Él la creó, creó a Lilith, cuyos ojos son como un amor devuelto.

La cazadora y la presa y el puente entre las dos.

Aquélla que duerme a los leones con el arrullo de sus senos.

Aquélla que dicta sola sus leyes y en grupo las viola.

La reina y sus vasallos.

Aquélla cuya tierra es una naranja plana y sabe que gira alrededor de ella.

Aquélla a la que el ciprés pertenece, y también el inicio de la noche y el fin del mar.

La orgullosa como una nube y, como una nube, modesta.

Aquélla que no cree.

El sollozo más denso del verano y la lágrima más larga de otoño.

Aquélla que une a los hombres y luego llora en sus pechos.

Aquélla a quien las cosas no nombran
y cuyo vestido es espontáneamente culpable.

La que sueña su pasado y entrampa su mañana.

La fuerte en su feminidad, la dulce en su fuerza.

Aquélla cuyo placer es necio y no llega, la ardiente como un río.

Aquélla que bebe la luna en un plato de leche y de la palma de sus manos se come el cielo.

Aquélla a quien no se puede atrapar y que se transluce en el horizonte.

Aquélla que es luz pálida y cuya desnudez pertenece a los que no ven con los ojos.

La libre y la encadenada y su fuga.

La armonía entre infierno y paraíso.

El deseo y su deseo.

Aquélla que es un manzano sometido bajo la lujuria de sus brotes y cuyo rayo se dispersa sobre el hombro de los abismos.

La tierna en su violencia, la poderosa en sus derrotas.

El lujo contra la necesidad, la angustia contra la certitud.

Aquélla que es para toda mujer que haya mirado sin haber asido.

Aquélla que toma, pero que no derrocha.

Que derrocha sin desbordarse.

Aquélla que es para cada hombre.

Y que traiciona a su género.

Que traiciona.

La que da puñaladas más tiernas que ciertas caricias.

El pecado piadoso.

La poeta de los demonios y la demonio de los poetas.

Drénenla de mí, de los sueños redondeados como el color azul.

Y nunca tengan suficiente.

I

Canto de Salomé, hija de Lilith

No tengo miedo de Satán,
pues Satán me sueña.

Cada vez que cierro mis ojos y me balanceo frente al espejo,
él me ve.

Satán no me da miedo.

Danzaré sobre las cenizas rojas de Herodes.

Beberé el vino de manos vírgenes.

Besaré la cabeza de mi amor para que la muerte
me sonría por última vez.

Oh, mi adorado y mi perfecto
maestro de desiertos y domador de hienas,
¿no oyes que te llama
tu guillotina,
mi corazón?

Ven, Juan.

Soy el collar amante de tu cuello seccionado.

Ven a bautizarme con el sol que te curte.

Sólo por ti he vuelto:
que tu sangre, por mí derramada, te indique el camino.

Yo soy Lilith, la diosa de dos noches que vuelve de su exilio.

Soy Lilith
volviendo de su exilio; Lilith,
el demonio de los retiros, Lilith.

Soy Lilith que retorna del calabozo del olvido blanco, leona del señor y diosa de dos noches. Yo reúno aquello que no puede ser reunido en mi copa y lo bebo, ya que soy la sacerdotisa y el templo. Agoto toda embriaguez para que no se piense que me puedo saciar. Me hago el amor y me reproduzco para crear un pueblo de mi linaje, ya que mato a mis amantes para dar paso a los que aún no me han conocido.

Retorno del calabozo del olvido blanco para los que aún no me han conocido; para dar paso, retorno; y para que no se piense que me puedo saciar; de la blancura del olvido, para asediar la vida y para que el nombre crezca, para matar a mis amantes, retorno.

Soy Lilith, la mujer selva. No supe de espera deseable, pero sí de leones y de especies puras, de monstruos. Fecundo todos mis flancos para fabricar el cuento. Reúno las voces en mis entrañas para que se complete el número de esclavos. Devoro mi cuerpo para que no se me diga famélica y bebo mi agua para nunca sufrir de sed. Mis trenzas son largas para el invierno y mis maletas no tienen cubierta. Nada me satisface ni me sacia y aquí estoy de regreso para ser la reina de los extraviados en el mundo.

Largas son mis trenzas, lejanas
y largas
como una sonrisa que se pierde en la lluvia,
como el desvanecimiento de un placer que acaba de pasar.
Mis temblores son ya cicatriz de sombras,
ya claro de cuchillo.

Soy la guardiana del pozo y el reencuentro de los opuestos. Los besos sobre mi cuerpo son las heridas de aquéllos que trataron. Desde la flauta de los muslos asciende mi canto, y desde mi canto la maldición se expande en agua sobre la Tierra.

Diosa de dos noches y reunión de los opuestos,
sólo relumbro en lo negro,
sólo asciendo al abismo,
sólo en el borde me sostengo,
sólo vuelvo de la muerte.
Soy la guardiana del pozo.
Ningún suspiro se eleva de una garganta
si no es lavado por la brasa de mis dedos.

Soy Lilith, la leona seductora. La mano de cada sirviente, la ventana de cada virgen. El ángel de la caída y la conciencia del sueño ligero. Hija de Dalila, de María Magdalena y de las siete hadas. No hay antídoto contra mi maldición. Por mi lujuria se elevan las montañas y se abren los ríos. Regreso para penetrar con mis flujos el velo del pudor, y para limpiar las heridas de la falta con el aroma del desenfreno.

Desde la flauta de los muslos asciende mi canto
y por mi lujuria se abren los ríos.
¿Cómo podría no haber mareas
cada vez que entre mis labios verticales brilla una sonrisa?

Soy la maldición de lo que antecede,
la que despista los barcos para guiar la tempestad.
Mis nombres son para engastar sus lenguas a la hora de la sed.
Síganme como la caricia sigue el beso.
Y cójanme como la noche coge el pezón de su madre.

Porque soy la primera y la última.
La cortesana virgen. El codiciado temor. La adorada
                   repudiada. Y la velada desnuda.
Porque soy la maldición de lo que antecede,
el pecado desapareció de los desiertos cuando abandoné a Adán.
                         Él vagó acá y allá, hizo añicos su perfección.
Lo hice descender a tierra, y para él alumbré la flor de la higuera.

Soy Lilith, el secreto de los dedos que insisten. Perforo el sendero, divulgo los sueños, destruyo ciudades de hombres con mi diluvio. No reúno dos de cada especie para mi arca. Más bien los transformo a todos para que el sexo se purifique de toda pureza.

Todos los sueños me son revelados
Yo, la conciencia del sueño ligero,
uno por uno los llevo y luego me deshago de ellos. Desvío las
naves sin guiar la tempestad. Desparramo el cielo con la malicia
                                                    de la nube
para que nadie logre mi miel. No tengo casa ni almohada.
Soy la sierva desnuda
que a la desnudez confiere su sentido.

Soy el vuelo del grito, el fluir de los perfumes.
Y vine a despertar al bosque y a los navegantes del bosque.
Me llevo sus fuentes para abrasarme.
Y por todas partes mi mano azul se posa.
Ustedes me escucharon antes de que hablara.
Me vieron antes de que yo me levantara.
Y me amaron antes de que me vertiera. Soy la salvación y
el verdugo.
Soy todas las direcciones.
¿Adónde huyen, si es a mí a quien se dirigen?

Hundo mi hambre en mis presas.
Yo las tomo o las conquisto.
Y mi vaso nunca está vacío.
Sólo hay éxtasis en lo que no doy
y no en lo que doy.
Y sólo hay vino en mi jarro.

Yo soy Lilith, el vaso y el que lo llena.
Vine para decir:
tengo más que un vaso para beber.
Vine para decir:
está ciego el que lo llena.
Vine para decir:
Adán, Adán, tú te inquietas por tantas cosas cuando sólo una es
necesaria.

Recógeme.
Una sola cosa es necesaria.
Ven, recógeme a flote en tus ojos.
Clava tus cimas en mis abismos.
Graba mi silueta en la memoria de tus palmas
y humea la pantera escondida donde nacen los hombros.

Yo, versículo de la manzana. Los libros me han escrito aunque ustedes no me hayan leído. El deseo desenfrenado, la esposa rebelde, la realización de la lujuria que conduce a la ruina total. En la locura se entreabre mi vestimenta. Los que me escuchan merecen la muerte y los que no me escuchan morirán de despecho.

Dejo el sello de mi misterio sobre sus cuerpos
y entreabro mi blusa sobre la locura,
como una boca que se desborda de dos colinas, en
apariencia una,
en el fondo innombrable,
y los sujeto con mis siete cuerpos.

Soy Lilith, la luna del centro.
El extravío es mi brújula y el exilio mi residencia. Ningún
                    cartero toca jamás a mi puerta.
Ninguna puerta da a mi ventana,
ninguna ventana que no sea la ilusión de una ventana.

No soy remisa ni la yegua dócil,
soy el estremecimiento de la primera tentación.

No soy remisa ni la yegua dócil,
soy el desvanecimiento del último pesar.

Yo, el pájaro cazador.
En vano me acechan, soy el suspiro elevado.
En vano abren el libro, soy la palabra; y mis alas pronto se
desplegarán.
En vano espían y apuntan:
mi corazón se ofrece a sus lanzas.

Libre y esbelta;
libre y esbelta y misteriosa, como un ciprés.
Como un ciprés, para que me cicatrice en el cuerpo del viento.
Como él, para volverme las sombras del viento.

Soy Lilith, última danza de Salomé e inconciencia de la luz.
Escalo su noche, piedra tras piedra, cada vez que un sol sangrante
se apresta a partir.
Escalo para ponerle la mesa al sueño.
Para penetrar en lo que los distrae.
Y alistarme un lecho en donde duermen.

Para mis incendios, escalo los peldaños de la noche.
Y para sus sueños
no anhelo una certitud, sino una obsesión. Ni un destino, más
bien el placer de nunca llegar. Su noche es su escalera hasta mí
Y mi mano, hasta por debajo de la imaginación.

Soy la estrella de los zorros, la llovizna de Ishtar.
Brillo de las lágrimas de la dispersión.
Numerosa y única para que ustedes duerman conmigo.
El ardor y las derrotas me acompañan.
Ninguna tierra para mis manantiales.
Ninguna tinta puede soportar mi fracaso.

La que fue concebida bajo el signo de la delicia,
cuya obsesión está hecha para crecer,
cuya lengua es una colmena.
La que será devorada quedando intacta.
Que es un hambre para gritar.
Que nació para preservar el delirio.

Soy el orgullo de los senos pequeños, para que crezcan y rían.
Para que reclamen y se los coman. Salados son mis senos.
Tan altos que no los puedo alcanzar: bésenlos por mí.

Dos linternas para que ellos sugieran dos resplandores.
Dos pequeños para que su retozo les sea perdonado.

Yo, el ángel desvergonzado. La primera yegua de Adán y la corruptora de Satán. El imaginario del sexo reprimido y su más alto grito. Tímida, pues soy la ninfa del volcán; celosa, pues soy la dulce obsesión del vicio. El primer paraíso no me pudo soportar. Y me arrojaron de él para que siembre la discordia sobre la Tierra, para que dirija en los lechos los asuntos de los que a mí se someten.

Púdica, me refugio en palabras obscenas.
Insolente, al punto de enrojecer al gritar mi fuego.
Cazadora, para que lance mis palabras como flechas.
Hábil, para que mis flechas regresen cargadas de traiciones.

Soy Lilith, el relámpago que surge de la tierra, el cuerpo
                    innombrable del señuelo.
Retiren la melena del león y lleven mis nubes.

Y que su único verano sea
un beso que se entretenga en una nuca,
y un abrazo que doblegue el umbral.

Mis muslos, portales del purgatorio de los perezosos.
Entre ellos, una dulce muerte
para que el diablo se sienta en su casa.
Mis muslos, barrotes de la cárcel que libera,
ardid de los bandidos y viaje del pecado después de ser cometido.
¿Cómo llegar, si soy el cuerpo innombrable del señuelo?

Yo, los vicios embalsamados.
La ninfa del volcán.
Los espero en el fuego: el ladrón será robado.
El perjuro, difamado.
Y lo que debe ser, será.

Míos son el trono de Balqis y la corona de Cleopatra.
Míos el libro de Narciso y las cabezas de Juan. Ningún
                    vestido me cubre, salvo mi boca.
Y mi sexo, al fondo de mi cabeza,
está cautivado para que no cese de exigir.

Soy Lilith, la pirata de las dulces maldiciones,
la violadora, la saqueadora, la hechizante Lilith.

Mi mano es la llave del fuego y el ardor de la esperanza
Sus cuerpos son el bosque si mi mano es el hogar. Deseo
                              violento es mi mano.
Si ella cree,
ella mueve montañas.

Soy la avidez de los campos de trigo. ¡Traigan su hoz, segadores!
Tomen, opriman, enrollen, desenrollen. Sean el hacha
                                                    y el leñador.
El pan y el hambre y la saciedad de la mesa que no puede ser
                saciada. Que su luna dore el sol de mis frutos.
Que su dureza navegue en la espera fluida.
Que sus ramas se disputen la luna y el ahogamiento. Mi río
                                            no empieza a manar
hasta que un árbol no se incline sobre él.

Dejen que muera de hambre para que se inflamen los bálsamos.
Hostíguenme para que me derrame.
La tierna, como un albaricoque a punto.
La rebelde, como una granada que aún no lo está.
Estrújenme,
luego unten con el óleo de mis poemas los pies de las virtuosas.

Soy Lilith, la fortuna de los sabios.
El afluente indócil, la conocida escondida.
Los libros me han escrito y ustedes no me han leído.
Ahí está mi visión
cabalgando el séptimo día.

Destino de los conocedores y diosa de dos noches. La unión del sueño y de la vigilia. Yo, la poeta feto, perdiéndome gané mi vida. Regreso de mi exilio para ser la esposa de los siete días y las cenizas de mañana.

Yo, la leona seductora, regreso para cubrir de vergüenza a las sumisas y reinar sobre la Tierra. Regreso para sanar la costilla de Adán y liberar a cada hombre de su Eva.

Yo soy Lilith y vuelvo de mi exilio para heredar la muerte de la madre que he criado.

II

Canto de Nefertiti, hija de Lilith

Ha llegado la bella.

La savia del sol relumbrante en sus labios.

Y las estrellas coronando su frente.

Ha llegado la bella de la mirada ardida.

A la ausencia déspota,
a la cita ignota,
a la palma poblada de bosques y aves.

Ha llegado la leona oscura.

El encanto de sus ojos revelando el khôl.

Y las flores de Egipto decorando su pecho.

Vengan, pueblos
del este y del oeste.

Presenten a su reina ofrendas y sacrificios.

Y tú, Akenatón, regocíjate,
ha llegado tu esposa nocturna:

Sube a su lecho.

Témplala, atízala, bésala.

Ella regresa de su sueño
para que la noche vele sobre ti.

Siete hombres, vestidos de negro, forman un círculo sobre el escenario: el amante, el padre, el hijo, el marido, el maestro, el hermano, el amigo. El teatro está a oscuras, con excepción del círculo compuesto por los hombres. Antes de que alguno de ellos se exprese, da un paso atrás: sale del círculo luminoso hacia las tinieblas, habla, y después recobra su lugar en cuanto termina. Los hombres permanecen con la cabeza baja como si se fijaran en algo o en alguien en la mitad del círculo. En efecto, hay en el centro una abertura en el piso, donde se entrevé de tiempo en tiempo un baile de llamas.

Abertura del infierno, la casa de Lilith.

EL AMANTE	Se está tardando.
EL PADRE	No, no se ha tardado. Está ahí.
EL AMANTE	¿Está ahí y no la vemos? ¿Cómo vino sin que la viéramos? ¿Cuándo llegó?
EL HIJO	Antes de que la estuviéramos esperando.
EL AMANTE	¿Cómo llega sin que se le vea?
EL MARIDO	Camina entre nosotros con los ojos cerrados.
EL AMANTE	¿Y cuándo abre los ojos?
EL MAESTRO	Cuando todos los ojos se cierran.
EL AMANTE	¿Aún no nos ha llamado?
EL HERMANO	Ha llamado. Con la voz acurrucada bajo la voz, ella llama.
EL AMANTE	¿La conocen?
EL PADRE	La conozco. Ella es mi mano que se implantó y trepó.
EL HIJO	La conozco. Ella me parió dos veces.
EL MARIDO	La conozco. Hace tiempo repté por la vereda estrecha entre sus senos.
EL AMIGO	Yo no la conozco. Pero la necesito como Dios necesita de mi idea para saber que Él existe.
EL MAESTRO	Su risa parece el instante en que el ángel acaricia su belleza.
EL HERMANO	Ella es la esposa que secuestra a los maridos de sus amantes.

EL AMANTE	La querida de sueños desenfrenados.
EL AMIGO	La viña de los vicios, ¡y qué bueno es su vino!
EL MARIDO	La monja de la cama que se aburre pronto y pronto olvida.
EL AMANTE	Que viene sin que se le invoque.
EL PADRE	Que toma sin que se le invite.
EL HIJO	Que está siempre próxima a todas las cosas.
EL MARIDO	A quien todos los caminos pertenecen.
EL MAESTRO	Que sujeta el mar por la orilla de sus olas.
EL HERMANO	Las ramas callan cuando pasa.
EL AMIGO	La pospuesta, la diferente, la urgente, ¿realmente existe?
EL MAESTRO	¿Lo que existe, existe en verdad? ¿No somos nosotros nuestra propia idea? ¿Nuestro sueño?
EL AMANTE	La pospuesta, la diferente, la urgente, ¿dónde habita?
EL PADRE	En la cama de un río.
EL HIJO	Al borde de una montaña.
EL MARIDO	Bajo la franja de un volcán.
EL AMANTE	La deseo. Camino hacia ella sobre los pasos de un árbol para ser su pastor si ella pierde su estrella, para que colme la tentación del descenso hacia sus valles, y me convierta en el viaje de sus pecados.
EL PADRE	Su estrella no puede perderse, pues ella es la carne vuelta verbo y el extravío que se vuelca espontáneamente.
EL HIJO	Ella es el astro, y el anillo del astro cuando ladra a los lobos.
EL MAESTRO	(*dirigiéndose al amante*) En vano caminas. No llegarás.

EL AMANTE	Aun así, camino. Como una nube que se recoge alrededor de un vacío y de un poema. Bajo el arco del vértigo, embalsamado por mis deseos camino, para que ella sea el puerto de medianoche.
EL AMIGO TODOS LOS HOMBRES JUNTOS	No llegarás.

No llegarás. |
EL AMANTE	No llegaré. Es demasiado hermosa para que yo llegue. Demasiado maligna para que yo llegue. Demasiado cercana para que yo llegue. Cada vez que cae de mi cabeza sobre el barco de las manos para completarnos en la profanación del agua, ella retorna como el secreto al altar y conserva la sorpresa.
EL PADRE	La necesito, como Dios me necesita para saber que Él existe. Como el espejo necesita al ojo y el reflejo al objeto.
EL MAESTRO	Como mi sol necesita de las tinieblas para gozar del sabor de la pereza.
EL HERMANO	Ella es el pirata guardián y el jinete cazador.
EL HIJO	Una leona devorada por sus cachorros. Una leona que se devora y después se pare de nuevo.

EL MARIDO	El tesoro que reunimos para que sea luego saqueado.
EL HIJO	El eslabón que falta en toda cadena.
EL AMANTE	Más bien la abeja que sostiene el tallo de las flores por la erección de su deseo.
EL MAESTRO	La señorita también. La señorita que huye de la prisión de su ropa para volverse prisionera de mi cama.
EL AMIGO	Sin ella soy Adán destrozado a la mitad de mi lágrima. Una estatua privada de sus alas. Sin ella soy el rencor de Caín derrochado para nada.
EL MAESTRO	Yo soy una mentira sin ella. Un negro que se pinta el rostro con cal para no eyacular esperma blanco. Un libertino que se disfraza de santo piadoso para que sus malos hábitos le sean perdonados.
EL PADRE	La necesito. Como Dios me necesita para saber.
EL HERMANO	¿Es cierto que roba los fetos de las entrañas de sus madres?
EL HIJO	Roba aquellos que serán poetas. Pues ellos conforman su pueblo y su pueblo le pertenece.
EL AMIGO	Mariposas ardientes revolotean sobre los labios de su sexo.
EL AMANTE	El semen de los hombres fecunda el pozo de su cabeza antes de fecundar su útero.
EL MARIDO	Ella es siete mujeres. Una para cada uno de nosotros.
EL AMANTE	Mejor siete para cada uno.
EL PADRE	Versémosle entonces la leche de los siete toros.
EL MARIDO	Iluminemos frente a ella los siete deseos del mirón.
EL HIJO	Deambulemos sobre el polvo de sus siete muelles.

El maestro	Honremos por ella los siete pecados capitales.
El amigo	Retirémonos de sus siete costas y desplegué-monos.
El hermano	Excitemos a los siete ejércitos para aspirar a ella.
El padre	Ella es como un río. Como el destino. Indestructible. Indesgarrable. Incombustible.
El hijo	Como una madre. Indestructible. Indesgarrable. Incombustible.
El maestro	La necesito, lo digo. La necesito como Dios me necesita para olvidar que Él existe.
El amante	Se está tardando. Mi prometida se está tardando.
El hijo	No se ha tardado. Está ahí.
El amante	¿Con qué luz ha venido para no ser vista?
El amigo	Perforó el camino escabroso con sus senos intrépidos y vino.
El marido	Alumbró las tinieblas del túnel con sus caderas llameantes y vino.
El padre	Mojó la dureza de la tierra con su ternura dócil y vino.
El maestro	Vino como la intensidad de mediodía y los golpes de medianoche. Como la intensidad del mediodía de la vida y los golpes de la medianoche de la muerte. Como un vacío invadido de rosas y de palabras que mienten para salvarse. Como el pozo que recoge los restos del silencio, como la cabeza que se desprende. Vino como el orgasmo, como el adiós en el orgasmo y como el imposible de todo amor imposible.
El amigo	Los arroyos del cielo corren entre su alma y la mía. Su idea incendia mis colinas tranquilas.
El padre	Porque ella es el dedo que reabre la herida del recuerdo y la noche que engloba todas las noches.

El amigo	Porque ella es la lengua que hace temblar las camas de los hombres. Ella sacude a los dormidos muertos al lado de sus esposas.
El padre	Porque ella es la vagabunda. La poesía vagabunda buscando abrigo: a la que se arranca de entre las garras, no la que la lengua concede a sus mendigos.
El hermano	La que se pare hasta el infinito sin repetirse.
El hijo	Es su propio misterio. Y se ignora.
El amante	No es un misterio. Sino la trampa.
El padre	No es una trampa. Sino la soberbia.
El hijo	No es la soberbia. Sino una cárcel.
El marido	No es una cárcel. Sino la tiranía.
El maestro	No es la tiranía. Sino una victoria.
El hermano	No es una victoria. Sino la flama.
El amigo	No es la flama. Sino la oportunidad.
El amante	Y el cuerpo. El cuerpo caliente del vino en el instante del flujo, el cuerpo arqueado de los océanos, el cuerpo ruidoso de los campos de trigo, el cuerpo del volcán en cada pedazo de pan, el cuerpo de las raíces cuando mendigan una nube, el cuerpo del deseo erigido entre la muerte y yo, el cuerpo de la palestra y de la batalla y de los muertos de la batalla, el cuerpo del apogeo y del abismo, el cuerpo de los trenes corriendo, el cuerpo insomne de los tejados, el cuerpo del agua mojada por el viento, el cuerpo del placer de dormirse entre dos ríos, el cuerpo de la marca del beso sobre el cuello, el cuerpo del sudor del sexo, el cuerpo del jadeo en el umbral, el cuerpo de las recámaras cómplices y de las recámaras envidiosas, el cuerpo de la fiebre cuando nace en las pupilas, el cuerpo de la huella perdida de

mis ancestros, el cuerpo del vocabulario de la codicia, el cuerpo del delirio dejado a su suerte dejado a mi suerte, el cuerpo de las anémonas cuando cargan la tierra sobre sus hombros, el cuerpo rugoso de la cascada de miedo, el cuerpo de la voz regresando de espaldas, el cuerpo de los secretos denunciados por las paredes de las casas, el cuerpo de los secretos cuando las paredes no los denuncian, el cuerpo de toda catástrofe a punto de ocurrir, el cuerpo misterioso de la lengua húmeda, el cuerpo de los estremecimientos de la humedad misteriosa, el cuerpo de los muslos asombrados, el cuerpo del bosque incendiado por su leña.

EL PADRE   (*uniéndose a él*) El cuerpo fecundo de las algas, el cuerpo de toda línea no recta, el cuerpo de la cintura indulgente a la vista de los glotones, el cuerpo de la última llave del último mar.

EL HIJO   (*uniéndose a ellos*) El cuerpo de las miradas de un gato persa, el cuerpo de los labios inflamados por la fuerza de los dientes, el cuerpo salado del rocío del orgasmo, el cuerpo de la sal chorreando en cada grito de placer.

EL MARIDO   (*uniéndose al coro*) El cuerpo del rugido de la arena cuando pierde su paciencia, el cuerpo de los ecos del ombligo original, el cuerpo blanco del pájaro nocturno, el cuerpo del ángulo perdido en cada círculo.

EL MAESTRO   *(uniéndose al coro)* El cuerpo de las temporadas del agua buscando un color, el cuerpo del cuello prendido sin tener conciencia de ello, el cuerpo del beso sobre la ida y el cuerpo de la vuelta sobre cada beso.

EL HERMANO	*(uniéndose al coro)* El cuerpo de las colinas desafiando la ley de la gravedad, el cuerpo de la eternidad en la intuición del presente, el cuerpo de la almohada inquieta sobre los dos pezones, el cuerpo de la saliva cuando negocia entre dos bocas.
LOS SIETE HOMBRES	*(todos juntos, manteniéndose en la oscuridad fuera del círculo)* El cuerpo de las cifras disputándose entre ellas, el cuerpo de la pulpa que el fruto ya no puede contener, el cuerpo de la creación y del aniquilamiento, el cuerpo del dragón habitante del séptimo refugio, el cuerpo del refugio que habita en el dragón, el cuerpo rayado de la pereza, el cuerpo punteado de la pereza...

De pronto, una música fuerte se eleva e interrumpe el delirio del grupo. La abertura donde se entreveían las llamas en el centro del círculo desaparece, y en lugar de ella surge una abertura en el techo, de donde se escucha la voz de una mujer:

	Soy Lilith, la diosa de las dos noches que vuelve de su exilio.
LOS SIETE HOMBRES	*(repitiendo juntos)* Es Lilith, la diosa de las dos noches que vuelve de su exilio.
LILITH	Del paraíso vuelvo, pues soy la mensajera del infierno.
LOS SIETE HOMBRES	Del paraíso vuelve, pues es la mensajera del infierno.
LILITH	Como la tierra envía al cielo su agua, así me envió.

79

LOS SIETE HOMBRES	Como la tierra envía al cielo su agua, así la envió.
LILITH	Vine a decir que el hambre es un pecado.
LOS SIETE HOMBRES	El hambre es un pecado.
LILITH	Y la saciedad es un pecado.
LOS SIETE HOMBRES	La saciedad es un pecado.
LILITH	Y el ardor es el primero de los mandamientos.
LOS SIETE HOMBRES	El ardor es el primero de los mandamientos.
LILITH	El hambre es un pecado, la saciedad es un pecado y el ardor es el primero de los mandamientos.
LOS SIETE HOMBRES	El hambre es un pecado, la saciedad es un pecado y el ardor es el primero de los mandamientos. El hambre es un pecado, la saciedad es un pecado y el ardor es el primero de los mandamientos. El hambre es un pecado, el ardor...

El escenario se sumerge en la oscuridad, pero los hombres continúan su salmodia:

  ... es un pecado y el ardor es el primero de los mandamientos. El hambre es un pecado, la saciedad es un pecado y el ardor es el primero de los mandamientos. El hambre es un pecado, la saciedad es un pecado y el ardor...

Cae el telón. Pero los hombres continúan su salmodia (las voces bajan gradualmente hasta convertirse en murmullos ininteligibles):

... es el primero de los mandamientos. El hambre es un pecado, la saciedad es un pecado y el ardor es el primero de los mandamientos. El hambre es un pecado, la saciedad es un pecado y el ardor es el primero de los mandamientos. El hambre es un pecado...

III

Canto de Balquis, hija de Lilith

Soy la reina de Saba.

La sabia entre las sabias y el desvío de los aturdidos.

El iluminado envió su cofia para ensalzarme.

Mis perfumes precedieron mis pasos hasta él.

Mis arenas movedizas lo aprisionaron.

Y él no pudo doblegar mis fuerzas.

Soy la valiente amazona.

El nardo me anuncia y los ciervos me siguen.

Reino con justicia.

Venzo a los humanos y a los *djinns*.

Torturo a los saciados para nutrir a mis amantes hambrientos.

Mío es el anzuelo del sueño y dc la vigilia.

Para mí la alerta de los ejércitos, en mí se halla su morada.

Soy la deliciosa elegida
con voz de tiniebla y azúcar.

Vuelvo para darle a Salomón su anillo
y retomar mi trono.

Sí, uno de estos días me voy a despertar y a olvidar que soy Él, mi memoria retomará sus aptitudes y olvidaré que me han inventado, luego creído, luego acusado de locura porque me han creído, luego olvidaré a los que negaron mi existencia e incluso a aquellos que me mataron, olvidaré que he creado el mundo en siete días y que he fracasado gravemente y que me he arrepentido gravemente y gravemente vapuleado, olvidaré a quienes me han injuriado y a quienes se arrojaron a mis pies y a quienes injuriaron en mi nombre, todos aquellos que no se arrojaron a mis pies, olvidaré que yo soy el futuro y el pasado y que soy el presente, uno de estos días voy a olvidar todo eso y a descansar, pero temo que mi memoria retome sus aptitudes y que yo olvide que me han inventado y luego creído y luego acusado de locura porque me han creído olvidar, a aquellos que negaron mi existencia e incluso a aquellos que me mataron, y que en siete días he creado el mundo y que he fracasado gravemente y que me he arrepentido gravemente y gravemente vapuleado, olvidar que soy el futuro y el pasado y también el presente, temo olvidar todo eso y acostumbrarme a despertar al alba sin excitar la imaginación de las mujeres descalzas, temo olvidar también mi existencia y dudar si seguiré existiendo, cuando cese de insistir en que existo, temo olvidar todo eso, que cuando olvidara creería que soy un hombre y me pondría a hacer la guerra a los cercanos y a los desconocidos y a mi familia y a mí mismo y derrocharía mi dinero y me enamoraría de mi rostro y de mis cosas y buscaría mis fotos en los libros y en las pantallas y en las obsesiones y no dejaría mujer alguna sin ungirla con la resina de mis miradas, y temo olvidar que soy Él, creerme el hombre monstruo y que me ponga a capturar pájaros y a abatirlos y a cazar hormigas sobre los árboles y que tenga el cuerpo de los cuerpos y que ningún espacio pueda contenerlo sobre la tierra y temo olvidar morir con el tiempo creciente y de volverme mi enemigo y de recorrer el aire y el imaginario de la conciencia y de la razón negando mi existencia y de creer que soy una leyenda inventada por una imaginación saqueada por manadas de lobos.

Y que la imaginación ha inventado la leyenda hasta que ésta se vuelva más grande que ella misma y sea saqueada enteramente por manadas de lobos.

Pero tal vez si olvido que soy Él quizá me creería un pececito rojo y creería que una mujer nada en el mar, tal vez entre los peces y que soy uno de esos peces entre los cuales nada la mujer y que ella está contenta porque yo el pececito rojo, nado entre sus muslos y que estoy contento porque soy un pez que va y viene en ella, pero quizá me sentiría de pronto frustrado porque me daría cuenta de que soy el pez entre sus muslos y no el hombre, entonces no temería tal vez si olvido que soy Él, de olvidar que soy el polvo o un verbo conjugado en presente o una puerta que se quema de estar abierta cuando se abrasa la espera de una mujer por un hombre o el orgullo de las rodillas cuando el joven se levanta de la caída o el lado derecho cuando una señorita se inclina a la derecha o el pan que desmigaja un viejo en su plato o el nombre cariñoso que se le da a una chiquilla o la piedra que un niño avienta al río o el círculo que hace la piedra que un niño avienta al río o el río que hace el círculo que hace la piedra que un niño avienta al río o la corta escalera a las estrellas y entonces sería formidable olvidar que soy Él porque ya no puedo dejar de recordar, ya no puedo desde que uno de esos días me vi en el es-

pejo y me hallé más muerto que antes y me di cuenta de que miles
de años pasaron sobre mi fastidio y que fui el fastidio de la virtud
y que en vano me transformé en hombre y en vano volví a ser Él
y luego ya nada y luego simple e inútilmente me di cuenta de que
todo eso me ocurrió en vano y en vano me ocurre todo lo que me
ocurre y no me ocurre y así me he asegurado de que seguiría solo
y que ya no sería el que prohíbe a la mano tenderse hacia el fruto
sino la serpiente y el deseo del fruto respecto a la mano prohibida
porque después de que

Me haya desesperanzado de que Adán comprenda a Eva y de
que Eva comprenda a Eva y de que el jorobado suene las campa-
nas de la catedral a la hora correcta y de que el segundo diluvio
logre impedir la corrupción y después de que haya empezado a
ver la podredumbre en el verde y la podredumbre en el azul y la
podredumbre después de la podredumbre después de la podre-
dumbre y así consecutivamente comenzaría a notar el horror de
mi culpa y la infamia de la calamidad que he infligido a la tierra al
momento de exiliar a Lilith, sí comenzaría a notar todo eso un día
en que estaba un poco muerto y que me vi en el espejo y me hallé
muy muerto, entonces no he podido ni podré, porque he amado
a Lilith, la he amado con locura y por ella he amado mi locura y
por ella, por Lilith, he nacido en todos los hombres y por mí la he
hecho nacer en todas las mujeres y en la élite de las mujeres, pues
ella es el espectro lánguido que ninguno ve y yo soy el ninguno,
soy el ningún mirón y soy el suspiro de la silla vacía y ella es yo
y yo soy aquél que veo enfrente y aquél que veo es la única gota
que le falta a mi agua para que se desborde y aquel que veo es la
ventana que impide a su jadeo salir hasta mí y

Ella estaba como si quisiera salvar la vida de las arterias de la
ventana y yo estaba como si le dijera que no soy verdadero y que
no sé si verdaderamente no soy verdadero cuando le decía que no

era verdadero y ella era la sombra del agua dulce que ha perdido su camino y ella era el umbral y el camino y la distracción del camino y la dificultad para ver en sí y el vacío lleno de su vacío y ella era mi contrario y mi perfección y yo no

Gritaba ni sabía porque ella es la borrosidad más imponente que la claridad y yo no aullaba ni me atrevía a aullar porque las cuerdas de su sueño aprietan alrededor de mi cuello y porque soy el funámbulo de las cuerdas y comprendo y emprendo y luego renunciaba porque no quería saber la hora en que ella estaba allí y porque su voz pintaba todo de rojo, su voz quebraba las reglas, pues ella es la intención entre el anhelo y su realización y porque la luna la ama más que yo y también el sol y el viento y porque ella es la nube y sus manos vacías no están para nada vacías y porque ella es la mañana y desde hace mucho tiempo permanece y permanecerá hasta que la mariposa sobre su hombro se tranquilice y porque ella es

Lilith

Oh, y cuánto he notado el horror de mi culpa cuando lo he notado y cuánto la infamia de la calamidad que he inflingido a la tierra al momento de exiliarla, pero su desobediencia me aterró y le rogaba que se quedara, pero ella no se quedó y para ella inventé a Adán, mas ella se aburrió y se fue y se rebeló y se opuso, entonces envié a mis ángeles para recuperarla y ella se rehusó y me desobedeció y jugaba a ser Lilith y dice cómo puedo abandonar estos placeres incompletos por una vida con el Perfecto y dice no existe salvación, pues no hay salvación alguna para ningún ángel si no es gracias a la caída y ella cayó y se extasió cayendo y tenía plenamente la razón de extasiarse y tal vez la envidié yo que soy Él, porque ella se extasió, pues soy el prisionero incapaz de salir y tal vez yo no supe cuánto ella tenía plenamente la razón porque debía estar muy indignado o deprimido ya no lo recuerdo, mas creo que no pude soportar la insolencia de su rebelión aunque su insolencia siempre me haya excitado, pero su aguda impudicia me cegó y quizá he vacilado, antes de decidir vacilé y recogí tal vez una flor para que ella anuncie y ella anunció, entonces la cacé, cacé a Lilith y cacé mi sueño de mí, lo supe cuando me miré en el espejo y vi cuán débil soy y qué tanto mis lágrimas y qué tanto el conocimiento me es inútil y qué tan muerto estaré porque cuando la hube cazado me abandonó y qué tanto también yo me he abandonado y cuán sola e insuficiente estuvo y fue la poesía y me volví incapaz de mi vida y de borrar el color de sus ojos en los míos y cuán incapaz

me volví de mirar hacia delante y
cuánto hacia el pasado ya no podía
y me arrepentí y cuánto me arre-
pentí y hasta he pensado en el sui-
cidio, pero temo que al suicidarme
me vuelva realidad, por eso renun-
cié para proteger a los escépticos y
he inventado el pálido remplazo de
Lilith y cuánto me arrepentí por-
que la nombré Eva y cuánto me
arrepentiré otra vez, pues es ella y
sólo ella el origen del sexo y su olea-
je y el mar y porque mis cabellos
son de espuma y mis manos son
de espuma y mis brazos y porque
no pude esperarla y como la harina
soy soplado lejos de ella y supe que
es la hechicera hacia quien viene el
árbol y la contemplación del cielo
alto y la cuerda tendida entre dos
montañas para que yo caiga, para
que ellos caigan, y le di uno de los
rostros de mis ríos y de mis volca-
nes para que me indique mi signo,
pero ella saqueó mi signo y lo vació
de los nombres que le di y supe que
soy el Todopoderoso inoportuno
y que no querrá ser mi cómplice
y que ignoro hacia qué muerte me
llevará otra vez esa mano y cuántas
muertes

Y que ya he tenido suficiente de habitar las conciencias y que envidio al diablo sus sugerencias y que ningún talismán puede ahuyentar de mi alma el recuerdo de Lilith y que en adelante seré incapaz de soportar la tregua y de ser el sentido de lo que no puede ser explicado y que en vano me hice hombre y que en vano volví a ser Él y luego nada y luego todo, luego nada inútilmente, pues ella dice no hay salvación para el ángel si no es en la caída y que ella tenía plenamente la razón y que haré reír a la risa y divulgaré la divulgación y desvergonzaré la desvergüenza y oscureceré la oscuridad y descenderé.

El

     descenso

        escalón

          tras

            escalón

              hasta

                llegar

                  al

                    fondo

Porque el paraíso está abajo y porque no me contentaré y porque sé

Que un monstruo terrible corre por las venas de Lilith y que mis ecos asustados están asustados y que soy la modestia de la necesidad y que ella es el polvo más lujoso y que soy el deseo liso y ella es el deseo que surge y que ella es el viaje de su propia partida y que yo soy Él para ella y el vencido para mí y que su ternura perfora mis huesos y que cada vez que improviso a otra mujer fracaso y un sol cae de su altura y que soy la redundancia de la palabra y ella de la palabra el acto y que ella es la guillotina plegándose como una serpiente alrededor de mi cuello y que me labrará y portaré su brasa en mis entrañas y que soy el montón de paja en el campo y que ella es la chispa y sé

Que soy tan poco, pues no me daba cuenta de que una misma luna nos separaba a los dos.

Y que

cerraré todas las puertas para que no entre más que la ilusión y ensancharé el descuido para hacerle un lugar a su labio inferior que debe soportar la semejanza con su labio inferior, la piadosa libertina, su labio inferior que recita de memoria la plegaria de Eros y que pare de sus senos el labio de aquella a la que sueño que mis cuerpos ondulan como banderas sobre su cuerpo, le haré un espacio a la locura deliciosa, su labio inferior que sabe cómo y que no regresa a casa sino que sale, pues la tierra azul es su casa y le haré un espacio a la que se aburrió de Adán y se fugó y negó y cuya noche está plagada de criminales y a causa de la cual me arrepentí y me arrepentiré una y otra vez, mas tengo miedo de olvidar que para ella soy Él y de ponerme a hacer la guerra a los cercanos y a los desconocidos y a mi familia y a mí mismo y si olvido temo creerme quizá uno de los peces entre los que nada una mujer

Y sentirme frustrado, pues soy el

        rojito entre sus muslos y no el hombre.

Y que sea el lado derecho cuando una

        señorita se inclina a la derecha y el río

que hace el círculo, que hace la piedra, que

        el niño avienta al río y nunca más

Seré la prohibición de la mano que se tiende hacia el fruto, pues mientras muerto estaba me he mirado en el espejo y no he podido y le rogué y se rebeló y que a fuerza de dolor y de locura repito y por la imposibilidad, no por quejarme, y que deprimido estaba, no me acuerdo muy bien y que soy el sí y el no y ellos se acompañan y luego el sí y que el conocimiento me es inútil porque me he vengado de Adán y he despreciado a Eva y que me vengaré de ella a través de él y lo despreciaré a través de ella y que yo mismo me he abandonado hasta que la poesía ya no baste y que soy el impotente inoportuno, pero

uno de estos días me despertaré habiendo olvidado que soy Él

y olvidaré que me han inventado y luego creído, luego acusado de locura, porque me han creído, olvidaré a los que negaron mi existencia y hasta a aquellos que me mataron, y que he creado el mundo en siete días y que he fracasado gravemente y que me he arrepentido gravemente y gravemente vapuleado y descansaré y sabré que el viaje no es el secreto sino que el secreto es el inicio y que ella empezó para que yo termine y que no he terminado lo que inicié y que el viaje es el inicio y que me iré para iniciar y que la mujer es Lilith

Y que muy pronto regresará para que todos los hombres tengan de ella una hija a quien llamarán Lilith y para que la hija de los hombres tenga una hija a quien llame Lilith

Sí, muy pronto olvidaré que soy Él, el ciclo se cerrará y la descendencia se mantendrá, no tengan miedo, pues el ciclo se completará y el error se reparará y el fin será el inicio, pues uno de estos días me despertaré habiendo olvidado que soy Dios, sí, uno de estos días, gloriosa,

regresará Lilith

Índice

www.ingramcontent.com/pod-product-compliance
Lightning Source LLC
Chambersburg PA
CBHW031144090426
42738CB00008B/1220